# देश हमारा बदल रहा है

## वी.के.राजीव

वेबसाइट :- www.bookrivers.com

प्रकाशक ईमेल :- publish@bookrivers.com

मोबाइल :- +91-9695375469

प्रकाशन वर्ष :- 2020

कॉपीराइट :- वी.के.राजीव


ISBN:- 978-93-89914-52-8

# समर्पण

प्रस्तुत पुस्तक मेरे जीवन की पहली सृजित कृति है और इसे बड़े हर्ष एवं श्रद्धा से पूर्ण भाव के साथ उन्हें समर्पित करना चाहूंगा। जिन्होंने मेरा सृजन और पल्लवन किया है, क्योंकि इस पुस्तक में जिन भावनाओं का उदगार हुआ है, उसकी प्रेरणास्रोत भी वही हैं, जी हाँ इस वसुंधरा पर ईश्वर के रूप मेरे जनक एवं जननी मेरे माता-पिता।

# विषय-सूची

*****

# देश हमारा बदल रहा है

शांति दूत चिर तपो-ध्यान से,
उठा है ज्वाला उगल रहा है।
दबी हुई बातें मन की कहने,
में आखिर सफल रहा है।
किन्तु सत्य अहिंसा के सिध्दांत,
पे अब भी अटल रहा है।
देश हमारा बदल रहा है।।

तीन रंग से सज्जित ध्वज में,
वसुंधरा की छाया है।
जब-जब दुखी हुआ हूँ इसको,
देख के मन हर्षाया है।
इसका गौरव अमर रहे,
ये स्वप्न रहे साकार सदा।
वरण मृत्यु का कर कितनो ने,
इस पर प्राण लुटाया है।
सैंतालीस का जाग्रत बालक,
सन् उन्नीस में संभल रहा है।
देश हमारा बदल रहा है।।

जय जवान और जय किसान का,
कथन सत्य है सत्य रहे।
स्वतंत्रता अक्षुण्ण रहे और,
चिरंजीव स्वायत्य रहे।
हो कश्मीर की बातें या,

सीमा कन्याकुमारी की।
बस अखंड भारत का सपना,
एक हमारा लक्ष्य रहे।
पश्चिम का डूबा सूरज,
पूरब से देखो निकल रहा है।
देश हमारा बदल रहा है।।

हम हिन्दू है या कि मुस्लिम,
पहले हिन्दुस्तान रहे।
शान तिरंगे की रखने को,
तत्पर अपनी जान रहे।
सूर्य चंद्रमा धरती और आकाश,
की आयु जितनी है।
उतना या उससे भी आगे,
भारत का सम्मान रहे।
देशभक्ति का भाव हमारी,
रगों में देखो उबल रहा है।
देश हमारा बदल रहा है।।

पुलवामा, पठानकोट फिर,
ऊरी, मुम्बई अक्षरधाम।
छलनी हुआ है देश का सीना,
मरे कई थे खास और आम।
किन्तु हिन्द महासागर से,
हिमगिरि तक की रक्षा में।
मिली शहादत जिनको, उनके,
उस जज्बे को मेरा प्रणाम।

हुआ सियाचिन लाल लहू से,
पर्वत का हिम पिघल रहा है।
देश हमारा बदल रहा है।।

पाठ एकता का अपना,
इतिहास ने हमको सिखा दिया।
हम क्या थे क्या होना है ये,
मार्ग हमारा दिखा दिया।
बहुत हुई क्रीड़ा तेरी अब,
धोखा हम ना खाएंगे।
विश्वगुरू का नाम वहाँ,
आकाश में हमने लिखा दिया।
'विश्वजीत' का स्वप्न हमारे,
जन मानस मे उछल रहा है।
देश हमारा बदल रहा है।।

*****

# देश आज एक ऐसे मुकाम पर खड़ा है

देश आज एक ऐसे मुकाम पर खड़ा है,
शायद ही कोई धर्म के नाम पर लड़ा है।
मैंने देखा कि कोविड तो एक बहाना है,
आदमी को मानवता का पाठ पढ़ाना है।

महाशक्तियों की शक्ति की कसौटी हो रही है,
हाँ किसी की कमाई भी कुछ मोटी हो रही है।
जासूसी जारी है कि यह किसी की साजिश है,
नई महाशक्ति बनने की किसी की ख्वाहिश है।

जिन शहरों में कभी रात नहीं होती थी,
घंटों एक दूसरे से बात नहीं होती थी।
जैसे हर कोई रफ्तार का पुजारी था,
जो रुका वो या तो बेकार या भिखारी था।

सड़कों पर पसरा सन्नाटा कुछ बोलता है,
सबके सिले होंठ कोई मुख नहीं खोलता है।
दिन की दोपहरी में बाजार पड़े सूने हैं,
और भी कुछ बाकी है ये तो बस नमूने हैं।

यूं समझ लो धरा है कुछ दिनों की छुट्टी पर,
दुनिया बस जीवित है सतर्कता की घुट्टी पर।
पढ़े-लिखे लोगों को नादान बनते देखा है,
पश्चिम में लोगों ने कब्रिस्तान बनते देखा है।

कौन रक्षकों की सुरक्षा भला कर पाता,
समाज जितनी जल्दी इस सदमें से उबर पाता।
अपना पड़ोसी किस चाल के फिराक़ में,
बैठा है कुछ विशेष करने की ताक में।

कुछ भी हो हिमाचल अब जलंधर से दिखता है,
धरा का रूप सुंदर अब अंबर से दिखता है।
ओजोन की परतों का घाव भरा सुनता हूँ,
हरी भरी धरती का स्वप्न में भी बुनता हूँ।

जंगल के जानवर हैं घूम रहे सड़कों पर,
पुलिस ने लगाया है लगाम चंद लड़कों पर।
भय से ही सही, कर रहा नियम का वो पालन है,
आज आम आदमी ने बरता अनुशासन है।

हाथ मिलाने वाले आज नहीं हंसते हैं,
उनके जवाब में जब मिल रहा नमस्ते है।
स्वच्छता सफाई अब आदतों में यूक्त हैं,
लोग हो रहे कुछ तो गंदगी से मुक्त हैं।

मित्र और धूरी में मैत्री की जरूरत है,
दुश्मनी भूल एक दोस्ती की जरूरत है।
आगामी पीढ़ियां अब एक पाठ सीखेंगी,
कि आदमी इंसानियत के नाम पर लड़ा है।
देश आज एक ऐसे मुकाम पर खड़ा है,
शायद ही कोई धर्म के नाम पर लड़ा है।

# पूरब में एक देश महान

पूरब में देखा मैंने एक देश महान,
जिसका है गौरवशाली इतिहास बड़ा।
लोकतंत्र का सबसे बड़ा वहां मंदिर,
बल पर चार स्तंभों के विश्वास खड़ा।

उस मंदिर में जनता की पूजा होती,
जनता ही मंदिर की बनी पुजारन है।
जनता जिसको चाहे उसको बैठा दे,
शिखर पे जो सर्वोच्च कोई सिंहासन है।

सोचूं मैं सुन कर ताज्जूब सा होता है,
है यह अपने आप में एक अहसास बड़ा।
पूरब में देखा मैंने एक देश महान,
जिसका है गौरवशाली इतिहास बड़ा।

जनता को जनता का जनता के द्वारा,
उस मंदिर के भक्तों का पावन नारा।
सबकुछ है जनता का समझो वो जीता,
इस जनता ने जिस पे अपना दिल हारा।

आज उसी जनता की लाचारी को देख,
समय कर रहा रह-रह के उपहास बड़ा।
पूरब में देखा मैंने एक देश महान,
रहती नहीं समान काल की गति सदा।

अटल यही सच्चाई सबके जीवन की।
समय के रथ का घर-घर नाद सुनाई दे,
शायद है आवाज-लहर परिवर्तन की।
जनता की खातिर सिंहासन खाली हो,
होता है फिर फिर मुझको आभास बड़ा।

पूरब में देखा मैंने एक देश महान,
जिसका है गौरवशाली इतिहास बड़ा
लोकतंत्र का सबसे बड़ा वहाँ मंदिर
बल पर चार स्तंभों के विश्वास खड़ा।
पूरब में देखा मैंने एक देश महान।

***** 

# गवैया

मैं गवैया गीत गाता रहता हूँ,
ख़ामोशी को संगीत बनाता रहता हूँ।
महफिल में तो सब गाते हैं आदत से,
मैं तन्हाई में भी गाता रहता हूँ।

    मेरे गीत हर एक हर कुछ देते हैं,
    लोगों को सुख दे उनके दुःख लेते हैं।
    गम का मातम या खुशियों की महफिल हो,
    सबको जीवन गीत सुनाता रहता हूँ।
    मैं गवैया गीत गाता रहता हूँ।।

मुस्कानों से मुझको है परहेज़ नहीं,
पर सबके होंठों पर हो तो मुस्काऊं।
गर रोने वाले का दिल हल्का हो तो,
एक बार नहीं सौ बार हो गाना तो गाऊं।
गाना तो है काम मेरा फिर भी देखो,
दुखियों के तकलीफ भुलाता रहता हूँ।
मैं गवैया गीत गाता रहता हूँ।।

    मुझसे पूछो क्यूँ मुस्काता हूँ हरदम,
    जबकि दुनिया से कम नहीं है मेरा गम।
    अश्कों की हर बूंद कहेगी सौ बातें,
    घट जाएंगे पन्ने शब्द पड़ेंगे कम।
    अगर सुनाऊं दर्द-जिगर ज़माने को,
    हर दिल वाले की आंखें हो जाएंगी नम।

पर मैं अपने नगमों की मीठी धुन से,
तकलीफों को मीत बनाता रहता हूँ।
मैं गवैया गीत गाता रहता हूँ।।

आज़ारों को औजार बनाता चल राही,
लाख हो तूफां ना डूबे नईया राही।
आशा औ हिम्मत का दीप लिए तम में,
चल किनारा आज न कल आएगा ही।
तुम जैसों को प्रेरित कर इन गीतों से,
मैं हारे को रंजीत बनाता रहता हूँ।
मैं गवैया गीत गाता रहता हूँ।।

हार गया? कुछ बात नहीं मत रोना तू,
पर मौके जीत के आगे से मत खोना तू।
इक हार तेरी सौ जीत की राहें खोलेगी,
आज न कल दरवाजा किस्मत खोलेगी।
बस इन्ही आशावादी बातों से मैं,
हर इक हार को जीत बनाता रहता हूँ।।
मैं गवैया गीत गाता रहता हूँ।।

कभी गुलामी नहीं करूं दिल की मानूं,
इंसां हूँ इंसान की आंखें पहचानूं।
मस्त परिंदों सा मैं चाहे जाऊं कहीं,
कोई बंदिश कोई सरहद ना जानूं।
आजाद हूँ मैं आजाद रहूँगा मैं अपनी,
आजादी की नीति बनाता रहता हूँ।
मैं गवैया गीत गाता रहता हूँ।।

*****

# कैकेई तेरी कहानी

बड़भागी रघुकुल की तू ही बनी अभागन रानी,
छलके नीर नयन मेरे सुन के हे महारानी।
कैकेई तेरी कहानी।।

जस सब रानी से सुंदर व कोमल तन तेरा था,
तस गंगाजल सा पावन हे माते मन तेरा था।
धरम तेरा जाना पर अपना धरम न जाना कोई,
तेरे कर्म को देख उसका मरम न जाना कोई।
संग तेरे मानस ने भी की जी भर कर मनमानी,
हे कैकेई तेरी कहानी।।

छोड़ा अमृत जग के पीने को स्वयं पिया हलाहल,
अपने दुःख की अग्नि तुम जली हो माता पल पल।
राम के आगे सबने अपने दुःख की नदी बहा दी,
जिसकी जैसी गाथा सबने अपनी पीर बता दी।
तेरी पीड़ा तो हे माँ संतान तेरी ना जानी,
हे कैकेई तेरी कहानी।।

हा कैकेई हा कैकेई सबने कर रक्खा था,
कैकेई किसको हा कहती ये किसने सोचा था।
जिसकी खातिर की थी ये सब क्या उसको हा कहती?
आखिर अपनी पीड़ा वो किस-किस से जा-जा कहती?
धन्य है तू कैकेई तुम सा कोई नहीं बलिदानी,
बड़ भागी रघुकुल की तू ही बनी अभागन रानी।
छलके नीर नयन से मेरे सुन कर हे महारानी,
कैकेई तेरी कहानी।।

# सुन ज़रा ऐ बसंती हवा

सुन ज़रा ऐ बसंती हवा,
मेरे रंगो की पुड़िया लेती जा।
ये प्यार भरा पैगाम मेरा,
तू इस दुनिया को देती आ।
कुछ रंग लगा देना उनको,
फुटपाथ पे जिनकी रात कटे।
और कुछ उनको नज़रें जिनकी,
ना ट्रैफिक से दिन रात हटे।
एक को ढाढ़स दे देना,
और एक को देना आश्वासन।
ढाढ़स गरीबी से लड़ने की,
आश्वासन की सब होगा ठीक।

कुछ रंग लगा देना उनको,
जो नालों, नाली गलियों को।
हर रोज़ यूं ही रखते हैं साफ,
और हम जो गंदे करते हैं।
कह दो हो सके तो कर दे माफ़,
जो फिरते हैं मारे- मारे।
नगरी नगरी द्वारे द्वारे,
हैं भीख ही बस रोजी- रोटी।
वो बेचारी वो बेचारे,
कुछ रंग लगा के तू उनको।
एक संदेशा देना उनको,
तू इन हाथों से मेहनत कर।

ना भीख यूं मांग न मिन्नत कर,
सम्मान प्रेम के रंगो से।
तू रंग देना मजदूरों को,
जो दब कर नींव के इट्टों में।
सजवाते हैं कंगूरों को,
उन वीर सपूतों को जा कर।
बिन भूले रंग लगा आना,
हां बिन जिनके रतजागों के।
मुश्किल होली है मना पाना,
मुश्किल होली है मना पाना ।

*****

# कभी हमने

नहीं छोड़ी किसी की बात पे महफिल कभी हमने,
भले खुद को नहीं समझा किसी काबिल कभी हमने।

मगर पहचान थी जो जीत की कायम है आजतक,
कि जीता खेल था एक दिन तो जीता दिल कभी हमने।

कि दरिया हो समंदर हो या लहरों का बवंडर हो,
रहा मौजों ना पूछा कहाँ साहिल कभी हमने।

तेरे लफ़्ज़ों को हमने ज़िन्दगी के फ़लसफ़े समझे,
लगाया दिल ज़माने से ना तोड़ा दिल कभी हमने।

किसी को" हां "नहीं भाती किसी को" ना "बुरी लगती,
तभी तो की नहीं बातें कोई फाजिल कभी हमने।

दुश्मनी चीज़ क्या है पूछिये ना हमसे ऐ" राजीव",
भला मैं क्या कहूँ जो ना किया हासिल कभी हमने।

*****

# गँवारा कैसे हो ?

मुझे यूं बेखुदी की शाम गँवारा कैसे हो?
सफ़र पे हूँ भला आराम गंवारा कैसे हो?

मिली है मुफ़लिसी के मौत इश्क़जादों को,
तो फिर आशिक हो तेरा नाम, गंवारा कैसे हो?

मुबारक सा हुआ आगाज मेरी ज़िंदगी का,
तो गुमनामी भरा अंजाम गंवारा कैसे हो?

बड़ी उम्मीद बज़ुर्गों को है इन बाजुओं से,
उन्हें कर दे कोई नाकाम गंवारा कैसे हो?

अगर इन्सानियत का है बना दुश्मन कोई,
हो कोई या हो कुछ नाम गँवारा कैसे हो?

खुदा की इनायत से है इन्सान का बनना,
तो हो कारीगरी बदनाम गँवारा कैसे हो?

कलम की धार से तलवारें जहां खौफ खाती,
वहां लाचार हो आवाम गंवारा कैसे हो?

क़यामत तक न छूटे साथ था वादा तुम्हारा,
रुखसती का तेरा पैगाम गंवारा कैसे हो?

कि जिसकी मौत को हम कहते शहादत "राजीव",
हो उनकी ताबुतें नीलाम गँवारा कैसे हो?

# अनछुए पहलु

अनछुए पहलुओं को आज ज़रा छू तो जानें,
है अधूरी सी जो पूरी हो वो आरज़ू तो जानें।

तुझसे मिलने की ही चाहत में चला हूँ ऐ खुदा,
बस ख़त्म हो आज मेरी ये जुस्तजू तो जानें।

अपनी तो लोग बचा लेते हैं जैसे तैसे,
गर बचा लें जो द्रौपदी की आबरू तो जानें।

कितना आसान है औरों पे यूं झट से हँसना,
खुद की बातों पे औरों को हंसा तू तो जाने।

खून लोगों का बहाया तू ने जैसे पानी,
बहाए वतन पे जो कतरा-ए-लहू तो जाने।

कोई मुफ़लिस का है मारा कोई गर्दिश का सितारा,
मैं इनको आज बुलंदी से मिला दूं तो जाने।

मुहम्मद पर हमें इक बात का तो फक्र है राजीव,
कोई कर ले एक लोटा पानी से वज़ू तो जाने।

*****

# बातें

मेरी बातों में कोई बात की बातें होती,
हां मगर सच है तुम्हारा नाम आता है।

तेरी मुस्कान आए तो मिले इतनी खुशी जैसे,
किसी हारे को पहली जीत का इनाम आता है।

कोई आए न आए गम नहीं हरगिज़ मुझे कोई,
कभी एक बार जो तेरा कोई पैगाम आता है।

मुझे बदनामियों का डर नहीं पर दर्द होता है,
कि जब दीवानगी का सर तेरे इल्जाम आता है।

अगर दिल ने लिया है ठान तो रोके कहां कोई,
भला क्या मौत से बढ़कर कोई अंजाम आता है।

मेरे बचपन की तस्वीरें मेरे यारों ने पहचानी,
कि अहल-ए-उम्र में ऐसा भी एक मकाम आता है।

शराबी हो कोई मुझ सा तो बतलाना मुझे राजीव,
कि मयखाने में जिसके नाम पर ही जाम आता है।

*****

# यार की यारी

था ज़ख्म तेरा जिसने,
है दर्द दिया मुझको।
बरदाश्त जिसे करना,
दिल की मज़बूरी है।

इस सर्द से मुझे मौसम में,
बहता सा लहू बोले।
हैं कदम जमे लेकिन,
चलना मजबूरी है।

साकी तेरे महफिल में,
ये कैसे सवाली हैं।
पीना भी नहीं आता,
दिखते भी मवाली हैं।

ये कौन सी दौलत है,
जो उसको मुबारक है।
है झोली भरी लेकिन,
वो जेब से खाली है।

हूँ रहा निभाता जो,
वो फ़र्ज़ तुम्हारा था।
मेरे सर पे यारी का,
एक क़र्ज़ तुम्हारा था।

जो रात गुजारी है,
वो रात तुम्हारी थी।
ऐ खुदा हमारी जान,
खैरात तुम्हारी थी।

बस मुझे मिला मौका,
तो कर दी बयां मैंने।
सरे-आम ज़माने से,
जो बात तुम्हारी थी।

ना यार मिले ऐसा,
ऐ यार दुआ करना।
जिसके संग जीने से,
आसान लगे मरना।

*****

# आखिर क्यूं ?

कोई तो बेचैनियां, दिल में रही होंगी उसके,
फासले मीलों के पैदल वो चला तो क्यूं आखिर?

सर्द सी रातें जहाँ एहसास जम गए सारे,
उस ठिठुरती रात में दिल यूं जला तो क्यूं आखिर?

जो कहा तुमने ज़माना सुन रहा था गौर से,
फिर वही गलती हुई उससे भला तो क्यूं आखिर?

कोई तो अहले-अदालत में तुम्हारी बात है,
कत्ल मेरा और क़ातिल मैं बना तो क्यूं आखिर?

साहिब-ए-मसनद है वो सदर-ए-रियासत है मगर
एक भीलनी के बेर खाकर वो चला तो क्यूं आखिर?

ज़िन्दगी के फ़लसफे ना भूल जाए तू राजीव,
एक था रावण जो आदम से मरा तो क्यूं आखिर?

*****

# ज़रा देखूं तो सही

ज़रा देखूं तो सही,
ज़िंदगी ने मेरी,
खातिर क्या संजोए रक्खा है।

वक़्त के गुलदस्ते में,
खुशियों के फूल,
या आँसुओं में सने हुए।
ज़ख्मों के धूल,
गालों पर देने को,
प्रेम की चिकोटी है।

या पीठ पर ही धोखे का,
खंज़र चुभोए रक्खा है।
ज़रा देखूं तो सही,
ज़िन्दगी ने मेरी,
खातिर क्या संजोए रक्खा है।

लम्हों के झरोखों पर,
उम्मीद की किरण कोई।
या तज़ुर्बों के तहखाने में,
कोई निराशा पुरानी है।

पलकों की झोली में,
कोई नया सपना, या।
हृदय की हथेली में,
छिपी अनकही कहानी है।

या यूं ही बस, होनी और,
अनहोनी के सागर में,
हमें डुबोए रक्खा है।

ज़रा देखूं तो सही,
ज़िन्दगी ने मेरी,
खातिर क्या संजोए रक्खा है।

*****

# अच्छा रहता है

दिल की बातें दिल तक रखना अच्छा रहता है,
खून रग़ों का रग़ में बहना अच्छा रहता है।

माना गैरों ने भी जब तब साथ निभाया है,
हो परदेस में कोई जो अपना, अच्छा रहता है।

वक्त गया तो, वापस आना नामुमकिन है मीत,
क्या बिछड़ों का रस्ता तकना, अच्छा रहता है?

क्या हालात से झगड़े बिन कुछ बात बनी है यार,
सोने का भी आग में पकना अच्छा रहता है।

सब हैं एक खुदा के, उससे, छुपना-छुपाना क्या?
फिर भी इज़्ज़त अपनी ढकना अच्छा रहता है।

चाहे मुकम्मल हो ना हो या देर सबेर हो, मगर,
ज़िंदा हो एक आँखों में सपना, अच्छा रहता है।

लाख ज़माना तेरी ज़मानत देने को तैयार,
इस कानून से दूर ही रहना, अच्छा रहता है।

तू भिड़ जाये भीड़ से तन्हा, फिर भी ऐ राजीव,
सुख-दुख में यूँ राम को जपना, अच्छा रहता है।

*****

# ग़ज़ल

मैं सपनों को अरमान बना कर रखता हूँ,
जज़्बातों का तूफान बना कर रखता हूँ।

तुम क्या ग़म के आने से मुझे डराते हो,
मैं खुशिओं को मेहमान बना कर रखता हूँ।

ऐ वक्त, रहम करना उस पर, वो क्या है कि,
मेहबूबा को मैं जान बना कर रखता हूँ।

वो राम कहे, या अल्लाह, मुझको फ़िक्र नहीं,
मैं बच्चों को इंसान बना कर रखता हूँ।

बाप हिमालय, माँ ममता का सागर है,
मैं घर में हिंदुस्तान बना कर रखता हूँ।

अक्सर लोगों से मिलता हूँ, हँसता हूँ, मैं,
यूँ ही जीवन आसान बना कर रखता हूँ।

अँधेरे की गुंजाईश नामुमकिन है,
मैं दिल में रोशनदान बना कर रखता हूँ।

मैं इंसा हूँ, मुमकिन है, गलती हो, लेकिन,
नज़र-ओ-नीयत नादान बना कर रखता हूँ।

गुरबत हो, या मुफ़लिसी, रुस्वाई हो,
पर मिट्टी को भगवान बना कर रखता हूँ,

कुछ भी हो, झुकना मंज़ूर नहीं, राजीव,
मैं तुझको अपनी शान बना कर रखता हूँ।

# ख़्वाहिश

यादें, उनकी मिटाने की कोशिश में लगा हूँ,
ज़िन्दगी जिनके सहारे, बिताने की ख्वाहिश थी।

आया है फरमान, "भूल जाओ आज से मुझको,
कल भले ही ख्वाब तेरे, सजाने की ख़्वाहिश थी।"

वो क्या कहते थे अंग्रेजी में, "Don't leave me ever",
फलसफा-ए-उम्र इसे, बनाने की ख्वाहिश थी।

कौन कल रहे, कौन ना रहे, ख़बर किसको,
वक्त के पहिए को जाम कराने की ख्वाहिश थी।

तू आज बरसता है, कल था कहाँ बता, सावन,
आग लगी थी जब, और बुझाने की ख्वाहिश थी।

भूलना किसी को, आसान नहीं, ऐ राजीव,
खास कर जिसे दिल में, बसाने की ख्वाहिश थी।

*****

# कैसे हो ?

कि सोचा पूछ आऊं मैं तुम्हारा हाल, कैसे हो?
सहर से शाम ज़ेहनो-दिल करें सवाल, कैसे हो?

मेरे सीने पे जो पत्थर है, सांसें रोक देता है,
मगर कायम है दिल में आपका ख्याल, कैसे हो?

मेरी बाहों को, आँखों को तुम्हारे जाने से ज्यादा,
नहीं रोका तुम्हें इसका रहा मलाल, कैसे हो?

मेरे माथे से टपका जब पसीने का कोई कतरा,
सुखा के पूछता मुझसे तेरा रुमाल, कैसे हो?

इसे तुम फ़िक्र कह दो, प्यार कह दो, बस यही पूछूँ,
लम्हा, घंटा, दिन, महीने, साल, कैसे हो?

*****

# ऐतबार

गमो -रुस्वाई का तेरे, बस क़ातिल बन जाता,
मुहब्बत ना सही नफ़रत के ही काबिल बन जाता।

सोहबत की तेरी बस लिए हसरत जिया अब तक,
मैं तन्हा रहा लेकिन, तेरी महफ़िल बन जाता।

मोहलत की आरज़ू में वक्त यूँ गुज़र गया,
नहीं तो हार अपना दिल, तुम्हारा दिल बन जाता।

तुम्हें पहचान लेते सब, फ़क़त बस देख कर मुझको,
तुम्हारे होंठ की बाँयीं तरफ का तिल बन जाता।

तेरी लहरें मेरी आगोश में पाती सुकूँ ऐसा,
तुम्हारी आस में बैठा कोई साहिल बन जाता।

कदम तेरे ही ऐतबार के हिलने लगे वर्ना,
मैं तेरी जीत, हो सबको न जो हांसिल, बन जाता।

गए हो छोड़ के जब से मेरा दिल कह रहा है काश,
कि एक ख्वाब, जो ख्वाहिश में हो शामिल, बन जाता।

तेरी ज़ेहनो-बदन से रुख़सती मुमकिन न हो ऐसा,
लहू, तेरे रग़ों में जो हुआ दाखिल, बन जाता।

हूँ वैसे तो पढ़ा लिक्खा खुदा के फ़ज़्ल से "राजीव",
तुम्हारे इश्क़ में सब भूल के जाहिल बन जाता।

*****

# मिट्टी के चिरागों ने

मिट्टी के चिरागों ने,
घर के चिरागों की ले ली जगह है।
घर के चिरागों के,
घर में न रहने की अपनी वजह है।
मेरे घर के मंदिर में,
आज हो रही जिस लक्ष्मी की पूजा है।
उसी की जरूरत ने,
घर के चिरागों को घर से दूर भेजा है।

कितनी कोशिलाएं, कितनी सुमित्राएं,
आज अपने राम-लखन की,
प्रतीक्षा में बैठी हों, कौन जाने।
कितनी कैकेई पर भरत की क्या बीती हो,
कौन जाने।
कोई शत्रुघ्न समस्त कुटुंब की,
उम्मीद का दीया बन कर,
घर के चिरागों का इंतजार करता है।
आज भईया आएंगे,
भरत को बचाएंगे,
ऐसी अर्चना मन में बार-बार करता है।

त्रेता के राम का वनवास हुआ पूरा जब,
लोग तब दिवाली की खुशियां मनाते हैं।
कितने राम और लखन,
आज दिवाली में भी,
अवध कहां जा पाते हैं?

मेरे शब्दों में कोई न दुःख है न दर्द है,
बस कवि हूँ, सो कविता अपनी पुरानी मर्ज है।
मेरे शहर मेरे घर की,
दीपावली की याद आई,
मन की नदी में शब्दों की वर्षा उसके बाद आई।
एक कौशल्या अकेले ही,
अपने महल को साफ करती होगी।
अकेले ही सारे दीयों में तेल भरती होगी।
और घर के मंदिर में बैठी हुई लक्ष्मी से,
घर के चिरागों की शुभकामनाएं करती होगी।

उधर चिराग घर का
किसी और के घर के दीए में तेल भरता है।
अपने घर को भूल,
मालिक का घर बसा रहे ये मिन्नतें करता है।
क्योंकि,
जब तक मालिक के घर के दीए में तेल है,
तब तक,
उसके घर में, मिट्टी के चिरागों में रोशनी होगी।
और इस तरह से रौशन उसकी जिंदगी होगी।
अगर रह गई किसी कारण जेब खाली,
तो वो कैसे कहेगा किसी को शुभ दीवाली?

*****

# हे राम

कोटि-२ मेरा उस राम को प्रणाम है।
भक्ति का समन्दर है,
जो प्रेम का है सागर,
मानव की मुक्ति का एकमेव धाम है।
कोटि-२ मेरा उन राम को प्रणाम है।
किन्तु हे विधाता,
ये कैसा राम है?

राम तो वो थे, कि जोड़ दिया जिसने,
एक देश को एक देश से, श्वेत बांध रच के
किन्तु है कौन ये, कि अलग किया जिसने,
एक कौम को एक कौम से,
मंदिर का स्वांग रच के।
क्या ये वही राम है?
ये कैसा राम है?

उससे तो शत्रु भी प्रेम किया करते थे।
मेरे राम ऐसे हैं।
इस से कुछ अपने भी ऊबे हुए लगते हैं।
एक राम ऐसा है।
कोटि-2 मेरा प्रणाम है उन राम को,
जो परम् तत्व सार है, पर ये तो
एक जन समूह का राजनीतिक मुद्दा है,
सत्ता में आने का एक द्वार है।

टौस का एक सिक्का है,
आई जब ज़रूरत, उछाल दिया जाता है।
जो हार गया उसको निकाल दिया जाता है।
ये कैसा राम है?

जो कैद घोषणा पत्र में,
हर पाँच साल बाद किया जाता है,
और डूबी जो नईया तो याद किया जाता है।
मेरे राम तो रसखान के मन में भी बसा करते थे।
गांधी जो मंत्र प्रति क्षण ही जपा करते थे।
क्या ये वही राम है?
या वो राम, कि भक्त ने जिसके,
राम के उस भक्त को गोलियों से मारा था।
सत्य और अहिंसा उस भक्त का ही नारा था।
ये कैसा राम है?

इसकी महिमा कैसी है?
त्रिभुवन के न्यायाधीश की मुख्य न्यायाधीश के घर,
अगली पेशी है।
जब भी होती है अदालत की इच्छा,
देनी पड़ती है इसे अग्नि परीक्षा।
जिनके अस्तित्व का खुद नहीं ठिकाना है।
इसके अस्तित्व का निर्णय, उनको सुनाना है।
आखिर, हे राम,
ये कैसा राम है?

**(तात्कालिक)**

*****

# आज फिर से रावण जलेगा

सुनो, सुनो, सुनो,
हर वर्ष की भांति इस वर्ष भी, आज फिर से,
लोगों की भीड़ लगेगी।
युद्ध करने वालों की नहीं।
सीता को,
अशोक वाटिका के मनोरम कारावास से,
मुक्ति दिलाने वालों की नहीं।
लंका में आतंक का नाश करने वालों की भी नहीं।
मात्र मूकदर्शक बन तालियां बजाने वालों की,
आज फिर से भीड़ लगेगी।
क्योंकि आज फिर से रावण जलेगा।

उसके हाथ नहीं,
जिसने अपनी सीता खोई है।
अपितु जिसने ज्यादा चंदा दिया है।
उनके सामने नहीं,
जिन्होंने श्वेत बांध रच कर,
धर्म स्थापनार्थ सेना को,
सागर पार कराया था।
और इस महायुद्ध में,
अपना रक्त बहाया था।
अपितु नटखट पटाखों की,
शैतानियों से डर कर,
रेल के नीचे आने वालों के सामने।
आज फिर,

किसी के सीने में आसमानी तीर लगेगा।
आज फिर से रावण जलेगा।

और कल फिर,
कोई सीता कहीं से अपहृत होगी।
कोई रावण जलाने वाला फिर से इस पर बयान देगा।
कोई पापा की परी फिर से होगी,
शिकार किसी "चिन्मय" के आनंद का,
और फिर कोई रावण जलाने वाला,
अपनी जिह्वा से नहीं बोलेगा।
क्योंकि फिर अगले साल,
उनके हाथों रावण कैसे जलेगा?

मरता हुआ रावण,
हर वर्ष ये ज्ञान देता है,
मृत्यु अटल है, पर नार पर कुदृष्टि पाप है,
परन्तु हर वर्ष भूलने का हम सबको मिला शाप है।
आज का काम कल पर मत टालना,
अपनी शक्ति अपरंपार है, ये भ्रम मत पालना।
अकेली कन्या जिम्मेदारी है आपकी,
आपका अवसर नहीं।
और स्त्रियों! स्वतंत्रता मिलेगी,
किन्तु लक्ष्मण रेखा लांघकर नहीं।
क्योंकि जब-जब ऐसा होगा,
एक रावण को अवसर मिलेगा,
और फिर पुतलों में ही आज फिर से रावण जलेगा।

*****

# दुख इस बात का नहीं

हाँ, दुख इस बात का नहीं,
कि तुम हार गए।
सवाल यह है कि मैदान में,
तुम कितनी बार गए।

किस नीयत और जज्बे से,
आखिर तुमने किया प्रयास?
कहीं हार के भय से, बोलो,
छोड़ तो ना दी अपनी आस?
सचमुच, दुख इस बात का नहीं,
कि खुशी में करते याद नहीं।
पर तेरे दुख साझा कर पाऊँ,
इतना भी आजाद नहीं।

ये तेरी मजबूत दीवारों ने रोका है,
या मेरी मजबूर सी आँखों का धोखा है।
अपने को अपनेपन का अहसास दिलाऊं तो कैसे?
तू प्यासा है, मैं बंधा हूँ, जल पिलाऊँ तो कैसे?
मैं सच कहता हूँ,
दुख इस बात का नहीं, कि तुमने,
किया न कुछ भी मेरी खातिर।

मगर समय था इतना शातिर,
एक भी मौका हाथ न आया।
दूँ आशीष तो कैसे आखिर?

स्नेह की गगरी जस की तस है।
एक बूंद भी दे ना पाया,
गई धरी की धरी यहीं रह,
काम जतन कोई ना आया।

हाँ, दुख इस बात का नहीं,
कि तू नाराज है मुझसे।
पर क्या हुआ मुझसे, और क्या करूँ भला,
ये बताएगा कौन।

अनसुलझे इस पहेली को,
समझाएगा कौन।
मेरे आँसू तुमने नहीं पोंछे,
कोई बात नहीं।
पर मेरी वजह से तू रोए,
ये तो कोई बात नहीं।

सच मानो, दुख इस बात का नहीं,
दुख तो इस बात का है।

*****

# गलती हो ही जाती है

दिल तो साफ ही रहता है,
नीयत अच्छी रहती है।
काम भी अच्छा करता हूँ,
पर गलती हो ही जाती है।

उलझन को सुलझाने में,
खोया वापस पाने में।
लोगों से अपनी खातिर,
थोड़ा समय चुराने में।

अपने दम पर रोज़ी और,
रोटी ज़रा कमाने में।
दाग से भरसक आजीवन,
ये दामन ज़रा बचाने में।
सबकुछ सही कराने में,
कुछ गलती हो ही जाती है।

उलटे पुलटे केशों को,
कबसे ऐंठ रहा हूँ मैं।
आस लगा अच्छाई की,
गुपचुप बैठ रहा हूँ मैं।

कुनबा बिखरा इधरउधर,
जिसे समेट रहा हूँ मैं।
कोई न जाने कितनी रातें,
खाली पेट रहा हूँ मैं।
अपने हृदय की दृढ़ता का, मैं,

लाख जतन करता हूँ, मुझसे,
गलती हो ही जाती है।

सही समय पर निर्णय हो,
या देना अपना परिचय हो।
करना हो विश्वास कोई, या,
धोखे खाने का भय हो।

करनी मदद किसी की हो,
धर्म-कर्म का संचय हो।
अपनों की पहचान हो, चाहे,
अपने आप पे संशय हो।
बोल सुनूं या उसके गुंजन,
चेहरा है या एक आवरण।
अक्सर इस निर्णय में, मुझसे,
गलती हो ही जाती है।

जब भी उड़ती बातों को,
निज मन की जज्बातों को।
रेशम-सूत के धागों से,
उलझे रिश्ते-नातों को।
थकी आलसी सुबह-शाम,
और बेचैनी की रातों को।

बेबस चिंतित माथे पर,
फिरते उन दो हाथों को।
हृदय के सागर में पल-पल,
उठते उन झंझावातों को।
सतह पे लाना चाहूँ, मुझसे,
गलती हो ही जाती है।

# ऐ मेरे बेटे

मेरी ये रचना उन संतानों के लिए है जो अपने माता-पिता को अपना बैरी समझ बैठे हैं। ***#FathersDay*** के मौके पर मेरी ये रचना एक पिता को समर्पित है, एक माता को समर्पित है, जिनके भाव इन शब्दों में झलक रहे हैं।

ऐ मेरे बेटे सुन,
भला वो कौन सी है धुन?
जिसे तू सुन के आया है,
कि मेरे शब्द कानों को तेरे भाते नहीं हैं अब।

कि मैं हूँ सोचता,
नजरें तेरी हैं देख आईं क्या?
तुम्हारी लाज-लहजों मे बड़ी बातें नहीं हैं अब।

अभी कल की ही बातें हैं,
तुम्हारे चाल-चलनों में, दिखी मासूमियत हमको।
बड़ी ही साफ-सुथरी थी दिखी तेरी नीयत हमको।

तुम्हारा मुख तुम्हारे मन के उस दर्पण सा
दिखता था।
कि जिसके पार मन में क्या है?
मुझको साफ दिखता था।

मिली है आधुनिकता की तुझे संगत से सौगातें,
तुम्हारी बात में पहले सी जज़्बातें नहीं हैं अब।
कि मेरे शब्द कानों को तेरे........

पड़ा होता था पलने में, तेरी किलकारियां सुन के,
समझ जाती थी बिन बोले,
कि भूखा है या प्यासा है।

मगर अब बोलता है शब्द इतने तेज, कहता है,
"नहीं हो तुम समझती बात को"
ये दुःख जरा सा है।

चकित हूँ, कर गई बरसात ममता की,
मगर इक फूल क्या,
पत्ते भी आदर के तेरे आते नहीं हैं अब।
कि मेरे शब्द कानों को.......

दरो-दीवार जो बिगड़े, सुधारे जा भी सकते सब,
मगर जो सर से छत उजड़े,
बचा पाओगे? कैसे? कब?

जो छूटे दोस्त मिल जाए, जो टूटे डोर जुड़ जाए,
मगर माँ-बाप जा के फिर कभी, आते नहीं हैं अब।

कि मेरे शब्द कानों को तेरे भाते नहीं हैं अब।
तुम्हारी लाज-लहजों में बड़ी बातें नहीं हैं अब।।

*****

# आँखें

सुबह उठकर इन्हें देखा तो फिर सोने को दिल चाहे,
लगे अब भी कहीं पर रात है,
तेरी आँखों में कुछ तो बात है।

तेरी पलकों के जैसे दे सका पहरा नहीं कोई,
कसम से तेरी आँखों सा कहीं गहरा नहीं कोई।
निकल आया मैं साहिल पर जो डूबा था समंदर में,
तेरी आँखों में डूबे को मिला सहरा नहीं कोई।
जो मेरे लफ़्ज़ हो तुम सुन रहे दिल के मेरे जज़्बात हैं,
तेरी आँखों में कुछ तो बात है।

छुपा रक्खे जो आँखों ने सवाल लाजवाब हैं,
कई आशिक हुए नाकाम, इनमें ऐसे-ऐसे ख्वाब हैं।
इनकी हरकत से हुई इस रेत में बरसात है,
तेरी आँखों में कुछ तो बात है।

तेरी आँखें हैं दिल का आईना बेशक सजा के रख,
इन्हें तू गंदगी और धूल से भरसक बचा के रख।
ये उठ जाए तो सारे भेद बिन बोले ही खुल जाएं,
बचे सम्मान बस तेरा इन्हें तबतक झुका के रख।
ये गठरी आँसुओं की है मगर एक कीमती सौगात है,
तेरी आँखों में कुछ तो बात है।

*****

# मुझे एक किताब दो

वो जो सपने हमें देखने का हक था,
पर देख ना पाए,
शिलापट पे अपना भाग्य लिखने का हक था,
पर लिख ना पाए।
वो जो बचपन हमने भरे बचपन में खोया,
ऐ समाज उसका हिसाब दो।
मुझे बस एक कलम और किताब दो।

मेरे नन्हे कंधों का कसूर बता दो,
क्यों हुए तुम इतने मजबूर बता दो?
मेरे सिर पर ईंट की गठरी चढ़ाने वालों,
क्यों किया मुझे औरों से दूर बता दो।
चीखे मेरे हाथों की कोमल हथेली,
पेंसिल की जगह छेनी औ हथौड़ी ने ले ली।
हो क्यों भला खामोश, बोलो, जवाब दो,
मैं पढ़ना चाहता हूँ, मुझे किताब दो।

लेखकों और कवियों की रचनाओं में,
और वाचकों के शब्दों में बहुत अच्छा हूँ मैं?
बुद्धिजीवी कहते हैं कि बच्चा हूँ मैं,
वो बच्चा जो ईश्वर का रूप है।
क्या उसका सत्य इतना कुरूप है?
कि हाफ़िज़ ने मुझे आज मुजाहिद बना दिया,
गेंद कह के हाथों में बम थमा दिया।

मेरे चेहरे में दिखता खुदा अब नहीं है,
खतरे में मेरा बचपन है मज़हब नहीं है।
जो आंखों ने भुला दिया मुझे वो ख्वाब दो,
रौकेट नहीं हाथों में तुम मेरे किताब दो।

ध्यान से देखो, किसी वर्तमान का शिष्य हूँ मैं,
मेरे माँ-बाप कहते हैं, देश का भविष्य हूँ मैं।
अगर ये सच है तो लोगों, इसे साकार न होने दो,
अपने देश के भविष्य में अंधकार न होने दो।
आज जिन पटाखों से देश में शोर है, प्रकाश है,
उन पटाखों में बारुद भरने वाला निराश है।
मुझे नाम चाहे राजकुँवर या फिर नवाब दो,
मेरे बचपन को बचा दो, मुझे एक किताब दो।

*****

# असम.... वो पहला कदम

वो पहला कदम हमारा,
जो पड़ा आपके आँगन में।
तो शायद थोड़ी सी दुविधा,
होनी ही थी मेरे मन में।
पर देखा जैसे-जैसे, मैंने,
समय का पहिया चलते।
नहीं लगा कुछ वक्त ज़रा भी,
मेरा वक्त बदलते।
बेगानापन नहीं हुआ महसूस,
यहाँ होने से।
भले ही मैं आया था देश के,
बड़े दूर कोने से।
बड़ी जल्द मैं घुल-मिल बैठा,
बन के यहाँ का पानी।
लगी हवा संगीत यहाँ की,
गीत यहाँ की वाणी।
भूल गया मैं खुद अपने को,
आपके अपनेपन में।
वो पहला कदम हमारा, जो,
पड़ा आपके आँगन में।
भोगाली और रोंगाली, की,
रंगोली भाती है।

शिवसागर और कामरूप, और,

मांझूली भाती है।

नाम्बोर के जंगल और,

काजीरंगा के गेंडे।

फूल केतकी, आर्किड और काकोली भाती है,

लगे असंभव नाम सभी का लेना इस लेखन में।

वो पहला कदम हमारा, जो पड़ा आपके आँगन में।।

*****

# पागल बन जा

होश में रहकर किसी जुलूस में जा न सकेगा,
आजादी के गीत हृदय से गा न सकेगा।
सुप्त पड़ी मानवता को तू जगा न सकेगा,
मंदिर में मन से जयकार लगा न सकेगा।

क्षमा, दया और मान-अपमान के भय से साथी,
मुट्ठी भर हैवानों से टकरा न सकेगा।
खोने से खुद को जब तक तू डरता है, सुन,
अपने ईष्ट को भी जीते-जी पा न सकेगा।

जब सोयेगा दुखड़े तुझको याद आएंगे,
चैन-ओ-सुख से एक निवाला खा न सकेगा।
पी ले बस दो घूंट इसे पीकर बन-ठन जा,
मान हमारी बात ओ प्यारे पागल बन जा।

जहाँ तेरा जी चाहे बस तू आ-जा पाए,
कोई सरहद तेरे सपने बांध ना पाए।
तेरे सिर पर ना हो जग का कोई दबाव,
कोई हाकिम तुझे मुलाजिम बना न पाए।

तुझे नहीं चिंता हो कुछ खोने पाने की,
भाग दौड़ की भीड़ मे कोई खो ना जाए।

आए जो राहों उसको गले लगाकर,
दुनिया को बाहों में अपनी भरता जाए।

तू बन जा आदर्श आज अपनी मस्ती का,
आवारा मस्ताने काले बादल जा,
सुन ले प्यारे बात हमारी पागल बन जा।

*****

# स्वप्न कोई बुनता हूँ

आँसुओं की डोरी मे स्वप्न कोई बुनता हूँ,
कल्पना के बाग से अमन की कली चुनता हूँ।

ढूंढता हूँ राह जो मंज़िल की ओर जाती है,
कोयल जो बिन वसंत भी गीत गाती है।
सूरज को देख सकूँ बादल के चिलमन में,
तरुणाई गूँज सके हर दिल की धड़कन में।
हिम में या तम मे हूँ, सुख में या गम में हूँ।
तन्हाई में भी आवाज कोई सुनता हूँ,
स्वप्न कोई बुनता हूँ।

देखता हूँ आशा के दीप जले नैनन में,
हो कोई बेचैनी देश के हर एक मन में।
रैनन में, चैनन में, वीरान-औ-उपवन में,
वृद्धों में, बचपन में, जीवन के यौवन में।
सुप्त आत्माओं में कालजयी ढूंढता हूँ।
स्वप्न कोई बुनता हूँ।

आसानी मुश्किल में, सुनसान-औ-महफिल में,
नफ़रत भरे दिल में, रहमत के काबिल में।
दिल वालों, बुझदिल में, इंसानों-कातिल में,
सागर की लहरों में, मझधार-औ-साहिल में।

मृत्तिका में, शील में, पर्वतों में, झील में,
प्रेम का पुजारी हूँ प्रेम धुनि धुनता हूँ।
स्वप्न कोई बुनता हूँ।

कल्पना के बाग से अमन की कली ढूंढता हूँ,
आँसुओं की डोरी में स्वप्न कोई बुनता हूँ।

*****

# अनोखा अहसास

अनोखा अहसास,
हां एक अहसास तो हुआ है।
वो अहसास जब जागा था,
तब मैं सोया था।
एक अनोखी नींद में,
कि मैं श्रेष्ठ हूँ।
केवल मैं श्रेष्ठ हूँ,
केवल मैं ही श्रेष्ठ हूँ।
एक आँधी आई और,
झकझोर गई मन को।
हृदय की गहराई तक,
मैं मुझे मेरा मैंने।
इन्हीं सर्वनामों से था वास्ता मेरा तब तक,
जब नींद खुली तो अहसास हुआ।
कि ये देश,
मैं से और वो से नहीं बना है।
बल्कि हम से बना है,
और हमारा है।
तब अहसास हुआ,
कि मैं और मुझमें।
हम और हमारा होने का अहसास जगता है,
तब ये देश कुछ अलग लगता है।
जब गंगा की सभ्यता,
यमुना की संस्कृति में घुल जाती है।

तो मानवता सारे भेद भूल जाती है,
तब जीवन को जीने में।
अनोखा आनंद का अहसास होता है।
जैसे बड़ा सा संसार,
हृदय के पास होता है।
सचमुच ये अपने आप में,
एक अनोखा अहसास है।

*****

# जय बोलो उन वीरों की

है तुमको निर्देश लेखनी,
जय बोलो उन वीरों की।
पूजा करता है ये जग,
अब भी जिनकी तस्वीरों की।
जय बोलो उन वीरों की।।

उतर पड़े कुछ शस्त्रहीन ही,
रणभूमि में आजादी की।
हाथ में एक सूखी लाठी थी,
तन पर एक धोती खादी की।
झेल गए सीने पर आँधी,
बर्बरता के तीरों की।
जय बोलो उन वीरों की।।

नतमस्तक हो श्रद्धा से हम,
अंजली अर्पन उन्हें करें।
पूर्व ईष्ट के सुनो लेखनी,
हम सब अर्चन उन्हें करें।
बस सपना आजादी का,
ना लालच मोती-हीरों की।
जय बोलो उन वीरों की।।

*****

# कुछ रातें भारी होती हैं

आग से ज्यादा शातिर यारों,

आग की चिंगारी होती है।

दिल से बनते रिश्तों पर जब,

ये दुनियादारी होती है।

कुछ रातें भारी होती हैं।।


इतने सारे लोग यहाँ हैं,

कितने प्यारे लोग यहाँ हैं।

प्यार छोड़ के कुछ नई आता,

इसी सहारे लोग यहां हैं।

वो कितने प्यारे हैं जिनकी,

यादें भी प्यारी होती हैं।

कुछ रातें भारी होती हैं।।


ये तो है मालूम कि जीवन,

योग-वियोग की एक कथा है।

कभी खुशी की खबर कभी तो,

पीड़ादायी एक व्यथा है।

कभी बिछड़ने पर ना मिलने,

की जो लाचारी होती है।

कुछ रातें भारी होती हैं।।

कसमों, वादों, प्यार, वफा को,
बातें समझ के भूल गए वो।
पेड़ की टहनी समझ हमारी,
बांहों में यूं झूल गए वो।
पल भर साथ निभा कर जो,
जाने की बीमारी होती है।
कुछ रातें भारी होती हैं।।

*****

# अपनी खुशबू को पहचान

उदर मे रक्खे तू कस्तूरी, मृगतृष्णा में भाग रहा,
भरी जवानी सोया मानव, देख बुढ़ापा जाग रहा।
तेरे जन्म के दिव्य प्रयोजन का होगा कब तुझको ज्ञान?
अपनी खुशबू को पहचान।

जिस शक्ति को ढूंढ रहा तू चार धाम वो तुझमें है,
जिस क्षीर सिन्धु में नारायण करते विश्राम वो तुझमें है।
तू नर है नारायण का ही अंश सदा कर मन में ध्यान,
अपनी खुशबू को पहचान।

पंचतत्व का पुतला बन तू पंचतत्व मे समा गया,
जन्म दिया जिसको वो तेरे मुख में लकड़ी थमा गया।
देह मरे पर कर्म से खुद को अमर बना ले ऐ इंसान,
अपनी खुशबू को पहचान।

जो दिखता है वो बिकता है यही सफाई हाथों की,
ईद, दिवाली मने दशहरा खुशियाँ सब-ए-बारातों की।
ये माया नगरी है प्यारे चार दिनों का तू मेहमान,
अपनी खुशबू को पहचान।

बड़े सफ़र का राही तुझको चलना है और चलना है,
इस रस्ते का मूल मंत्र ही गिरना और संभलना है।
रुकने का प्रारब्ध नहीं है जब तक तेरे घट में प्राण,
अपनी खुशबू को पहचान।

*****

# माँ.........मेरी साधना

हो वश में मेरे,
कि हर लूँ तुम्हारी।
हर इक वेदना,
हे माँ यही है मेरी साधना।

जो आँखों में तेरी,
है गंगा है यमुना।
जटाओं में अपनी,
इन्हें बाँध लूँ।

खुशी के क्षणों में,
नयन को भिगोने को।
आँखों को तेरी,
बस एक धार दूँ।

जो वर्षों से गुम है,
हँसी, तेरी आँचल में उपहार दूँ।
व्यथित मेरे तन- मन,
सहित मेरी धड़कन।

सँवारूँ हे माँ कैसे मैं तेरा जीवन,
हृदय की हमारी यही कामना।
हे माँ हमारी यही साधना,
जो वरदान पाऊँ।

कि इस आयु में ही,
चिरायु बनाने का एक काम कर दूं।
ये कर्तव्य मेरा, यही लक्ष्य मेरा,
जो अधिकार तेरा, तेरे नाम कर दूं।

है विनती हमारी,
मेरे ईष्ट से कि हो।
पूरी हो मेरी ये आराधना,
हे मां, यही है मेरी साधना।

*****

# एक बात बोलूँ

एक बात बोलूँ,
तुम सुना मत करो।
इन फिज़ूल की बातों को,
जो भगाती हैं आँखों से नींद रातों को।

तुम सुना मत करो,
उनके अल्फाज़ो को,
जो उगलते हैं ज़हर जलाते हैं साँसों को।

तुम दोहराया न करो,
उन बहकावे भरे नारों को,
जो अलग करना चाहे चाँद और सितारों को।

एक बात बोलूँ,
तुम देखो सब ज़रूर।
पर याद रखो केवल उन्हीं सब नज़ारों को,
जो रोशन करें जीवन और उम्मीद दे बेचारों को।

ना बोलना कभी तुम,
वो शब्द तोड़ने वाले।
देह से अधिक किसी हृदय को भेद सकते हैं,
और मिट्टी से अधिक वो मन को कुरेद सकते हैं।

एक बात बोलूँ,
नहीं अब तो रहने दो कह दिया बहुत अब,
जनजीवन की धारा अब शांतिपूर्वक बहने दो।

# ज़िंदगी से यारी रख

ज़िंदगी से यारी रख,
मन में बात हमारी रख।

धड़कन तेरी बंद न हो तू,
साँसें लेना जारी रख।

ताने छेद सके न तेरे,
दिल को इतना भारी रख।

याद में ना तड़पे तू खुद की,
यादें इतनी सारी रख।

कुछ तो अक्ल लगा पैरों से,
दूर ज़रा कुल्हाड़ी रख।

बारूदी बिस्तर के नीचे,
हरगिज़ ना चिंगारी रख।

सूखे फूल तो काँटों से,
जिन्दा अपनी फुलवारी रख।

कठिन है रिश्ते बनना दिल से,
जुड़ने की तैयारी रख।

जीवन भर रमजान मना,
और हर हफ्ते इफ्तारी रख।

*****

# मेहनत कश मजदूर हैं हम

मेहनत कश मजदूर हैं हम,
ये ना कहना मजबूर हैं हम।
तेरे महलों में गुमनाम सही,
पर गलियों में मशहूर हैं हम।

कैद हमारी मुट्ठी में तक़दीर हमारी है,
दीवार हर एक में छिपी हुई तस्वीर हमारी है।
हम खून बहाकर अपना सबकी प्यास बुझाते हैं,
हम अपने हाथों से महलों के ख्वाब सजाते हैं।
अपने इन दो हाथों की रेखाओं पर मगरूर हैं हम,
मेहनत कश मजदूर हैं हम।

हम हैं नींव के पत्थर हम कंगूर बनाते हैं,
मसल के पत्थर हाथों से अंगूर बनाते हैं।
गगन हमारी चादर है और सेज हमारी धरती,
हमको क्या बरसात हो या हो गर्मी या हो सर्दी।
रही गरीबी, सो कहती है दुनिया की दस्तूर हैं हम,
मेहनत कश मजदूर हैं हम।

दौलत का हथियार नहीं पर हम कमजोर नहीं,
हम ऐसे तूफान हैं जिसमें कोई शोर नहीं।
भले ही रोशन जगमग जगमग दुनिया तेरी हो,
किसी वजह से मेरी ये कुटिया अंधेरी हो।
पर उस कुटिया के ही एक कोने में जलते तूर हैं,
हम मेहनत कश मजदूर हैं हम।

# आज के दोहे

नाथ सबहु के माथ पै, राखो निज दोउ हाथ ।
साथ नाथ जिसके नही, समझो वही अनाथ ।।

हम में "हम" की भावना, हममें नहीं "अहम" ।
हम में आए जो अहम, हम ना रह गए "हम" ।।

गये बहुर दिन सास के, आई बहुरिया आज ।
बहू भात की रात तक, रख ली बहू ने लाज ।।

सबका सपना एक है, 'सपना' सबको भाए।
जो सपना पूरा करै, तो सपना सच हो जाए ।।

गई नगरिया प्रेम की, ले के रंग गुलाल ।
मिला एक ना छोकरा, जिसपे आऊ डाल ।।

***** 

# दोनों का नुकसान है इसमें

संभल के, इक दिल भी जो टूटा,
दोनों का नुकसान है इसमें।

बंद झरोखा ना कर, इक बस,
यही तो रोशनदान है इसमें।

लहू समझ के पी ना जाना,
हर कतरा तूफान है इसमें।

हाफिज़ की सुन ले तू भी,
बस बात नहीं कुरआन है इसमें।

आज तेरा कल मेरा, वाजिब,
वक्त की हाँ पहचान है इसमें।

देखो मुद्दा दफन न हो, ये,
मुर्दा नहीं है जान है इसमें।

ये बस मिट्टी नहीं है 'राजीव',
पूरा हिन्दुस्तान है इसमें।

*****

# जैसे जलती धूप में तन्हा पेड़

इस मतलब की दुनिया में,
निर्जन रेगिस्तान के।
बीच खड़ा है एक अधेड़,
जैसे जलती धूप में तन्हा पेड़।
झड़े हुए पत्ते कह दो,
या सुप्त हृदय भी गलत नहीं होगा।
उजड़ चुकी शाखाएँ,
अथवा बुझी हुई आशाएँ लिए।
ऐसे खड़ा है जैसे उसकी,
होगी मुक्ति देर सबेर।
जैसे जलती धूप में तन्हा पेड़,
किंतु, उसकी ज़िद तो देखो।
मान रहा वो हार नहीं,
आँधी तूफां कुछ भी हो।
पर गिरने को तैयार नहीं,
सूखी धमनियों मे भी।
उसके रक़्त का संचार देख,
जीवन को दो कदम और चलने का दिल करता है।
तो फिर ऐसा जीव इतनी जल्दी कहाँ मरता है,
बुला कर ही मानेगा वो,
हरियाली और सावन को।
अब सूखे को दे रहा खदेड़,
वो जलती धूप में तन्हा पेड़।

*****

# खिड़कियां

फ़लसफे सीखने को बुजुर्गों की झिड़कियाँ जरूरी हैं,
हवा आती रहे ताज़ी सो घर में खिड़कियाँ ज़रूरी हैं।

भला कब तक निगहबानी करें बाग़ों मे बैठा बाग़बान,
अगर जीता रहे गुलशन तो इसमें तितलियाँ जरूरी हैं।

अच्छी बात भी कर लूँ फ़कत सुनने की चाहत भी तो हो,
तुझे ग़र है जुटानी भीड़ तो कुछ सुखियां ज़रूरी हैं।

वो बन के येड़ा खुद ही पेड़ा खा रहा किस नाम पर,
बदलना ज़ायका हो ग़र तो थोड़ी बर्फियां ज़रूरी हैं।

ऐ ताऊ कब तक लाएगा चौखट से मांगी बेटियाँ,
तेरे दर आएं बाराती सो घर में लड़कियाँ ज़रूरी हैं।

तू ना कर भरोसा यूँ ही ऐ राजीव चौकीदार पर,
सलामत हो बचत तेरी तो कुंडी सिकड़ियां ज़रूरी हैं।

*****

# कूव्वत......The Power

मैं दौलत गँवाने की कूव्वत रखता हूँ,
क्योंकि इज़्ज़त कमाने की कूव्वत रखता हूँ।

दही हाथ में दो या महफिल हो कोई,
मैं दोनों ज़माने की कूव्वत रखता हूँ।

मत आज़मा, कि मैं सर पर मुसीबत,
के परबत उठाने की कूव्वत रखता हूँ।

तू मक्का में है, या है कैलाश, तेरे,
चौखट पे आने की कूव्वत रखता हूँ।

ज़बान दी है अब तो बस जान दूँगा
मगर वादे निभाने की कूव्वत रखता हूँ।

वो रिश्ते सजाते थक गया मैं मर के भी,
सपने सजाने की कूव्वत रखता हूँ।

न बहला मुझे इन चिरागों से 'राजीव',
मैं दिल को जलाने की कूव्वत रखता हूँ।

*****

# महावीर हनुमान

एक बार चौपाल पर, आया सुपरमैन।
बोला नहीं है कोई भी मेरे ऊपर मैन।।

मेरे ऊपर मैन कहा, है मुझमें इतनी ताकत।
रौकेट का जो वार सहे, कोई क्या करे हिमाकत।।

इतने में एक ट्रेन को, जब रोका स्पाइडरमैन।
बैटमैन के साथ खड़ा, मुस्काया वाटरमैन।।

मुस्काया वाटर मैन कहा, मैं हूँ पानी का राजा।
सुपरमैन ने तीनों को, सिखलाया सही तकाजा।।

इतने में जब पवन वेग से, गुजरी कोई शक्ति।
इक कंधे पर लखन लाल, दूजे पे राम की भक्ति।।

जब तीनों की बना रहा, वो सुपरमैन था शरबत।
तब ऊपर से गुजर गया, वो लिए हथेली परबत।।

लिए हथेली परबत, सुपरमैन रहा सकुचाई।
बोला ये तो टू मच है, आखिर तू कौन है भाई।।

ना मैं सुपर, ना स्पाइडर ना मैं वाटरमैन।
मैं हूँ राम-भक्त वानर संकटमोचन हनु"man"।।

मैं तो तीनों लोक में कर आया ऐसा ऐडवेंचर।
कसम राम की नहीं है तुम में मुझ सा कोई एवेंजर।।

मुझ सा कोई एवेंजर, मैं हूँ अंजनि की संतान।
संकट मोचन सब कहते हैं महावीर हनुमान।।

उसके बाद उस महावीर के, बढ़ गए कितने फैन।
इनको अपना गॉडफादर कहता सुपरमैन।।
हो जय तेरी हनुमान सदा हो जय तेरी हनुमान।

*****

# खाली कर गया ?

क्या वो किरायदार था जो मकान खाली कर गया?
नहीं वो ईमानदार था बस जुबान खाली कर गया।

वो कौन आया था जो, उस रात के अंधेरे में?
अपनी जेब नहीं मेरी दुकान खाली कर गया।

क्या यही? हाफिज़ ने जिहाद बताया तुमको?
अभी तो पूरी तू ये कुरआन खाली कर गया।

नापाक़ सबक से ना, ये नस्ल बिगाड़ें कोई,
इक सह पे मुजाहिद बन वो जान खाली कर गया।

इंसान भीड़ में एक इंसान ढूंढता है जब,
इंसानियत को खुद ही इंसान खाली कर गया।

*****

# मिल जाए

मुझे भी मुस्कराने का इक बहाना मिल जाए,
मैं भूखा हूँ, मुझे दो वक्त का खाना मिल जाए।।

जमी हैं हसरतें जम जाए गर्माहट भरी महफिल,
जमाने भर न भूलें हम, वो ज़माना मिल जाए।

हो दिल पत्थर कोई इस पर दिल से इश्क़ लिख जाए,
ज़हन मे हो ज़माने भर वो फसाना मिल जाए।

छुपा रक्खी कुबेरों ने तिजोरी में अतुल दौलत,
मुझे बस बूंद भर मुहब्बत का खज़ाना मिल जाए।

मुसाफ़िर ज़िंदगी का हूँ मुझे क्या दे सके 'राजीव',
सफ़र को दे सके अंजाम वो ठिकाना मिल जाए।

***** 

# आहट

कि खाली घर के दर पर जब कोई आहट सी होती है,
भरोसा कर, ज़हन मे एक घबराहट सी होती है।

जहाँ तक जाए नज़रें, ना कोई आए नज़र अपना,
हिलें पर्दे हवा तब भी एक राहत सी होती है।

वो जो खामोश रहता है, कोई पूछे ज़रा उससे,
कि उसके दिल में कितनी जोर चिल्लाहट सी होती है।

किसी चेहरे की रौनक से न तुम नापों खुशी उसकी,
छूपा कर जख्म हँसने की भी एक आदत सी होती है।

मौसम-ए-दर्द में वो गाल जम के लाल हैं, उनपर,
फिरे जो हाथ वालिद के तो गर्माहट सी होती है।

थका ऐसा हूँ छू ना पाऊं उठ कर चाँद भी "राजीव",
सितारों तक मगर जाने की एक चाहत सी होती है।

*********

# ऐ जिन्दगी एक सवाल है तुझसे

बुरा ना माने तो,
ऐ जिन्दगी एक सवाल है तुझसे,
तू खुश तो है न मुझसे?
मैं,
तुझे जीने वाला,
मेरा जिस्म जो तेरा घर है,
वो बड़ा तो नहीं,
कमसकम साफ-सुथरा तो है न?
देख,
तेरे आने से, तेरे यहाँ रहने से,
कितनी रौनक है यहाँ।
आँखों का नूर तुझसे है,
दिल की धड़कन, और,
उसकी रफ्तार है तुझसे,
ऐ जिन्दगी एक सवाल है तुझसे।
तू खुश तो है न मुझसे?
कहीं,
साँसों को बीच मे छोड़ के,
पलकों का ताला तोड़ के,
चली तो नहीं जाओगी?
ये मैंने नहीं,
रगों में दौड़ते लहू ने पूछा है,
बुरा न माने तो,
ऐ जिन्दगी एक सवाल है तुझसे,
तू खुश तो है न मुझसे?

# एक कीमती वोट

धधकी भट्टी गर्म है लोहा, मार हथौड़ा चोट।

व्यर्थ न जाये नत्था तेरा एक कीमती वोट।।


एक कीमती वोट, बजी है रणभेरी चहुँ ओर।

ताल रहे हैं ठोक धुरंधर, जंघा मारे जोर।।


जंघा मारे जोर कि हम हैं लोकतंत्र के वीर।

हमीं चले फहराये तिरंगा लाल किला प्राचीर।।


इसके ताने, उसके वादे, मन में रक्खा घोंट।

आज चला है देने कलुआ, एक कीमती वोट।।


एक कीमती वोट है तेरा तेज धार हथियार।

कुंद न हो तू धार लगा कर सही जगह पर वार।।


सही जगह पर वार मखमली शब्दों में ना उलझे।

गई उलझ डोरी तो फिर ये पाँच बरस ना सुलझे।।


बाँटे कोई अशरफी चाहे कोई उड़ावे नोट।

कोई खरीद न पाये तेरा एक कीमती वोट।।


एक कीमती वोट की कीमत कौन लगा पाया है।

जिसने ये अधिकार हमें दशकों से दिलवाया है।।

भारत के उस महाग्रंथ को संविधान कहते हैं।
हिन्दुस्तानी उसी छत्रछाया में तो रहते हैं।।

रथ भारत का हाथ में तेरे बांध ले तू लंगोट।
व्यर्थ न जाये मनोहर तेरा एक कीमती वोट।।

विश्वजीत का वोट हो या अखलाक का या मरियम का।
एक वोट से लोकतंत्र का मस्तक सदा है चमका।।

मस्तक सदा है चमका इसमें लगे न कोई खोट।
जनता तेरी मुट्ठी में है एक कीमती वोट।।

***** 

# दर्द

था जख़्म तेरा जिसने,

है दर्द दिया मुझको।

बर्दाश्त जिसे करना,

दिल की मज़बूरी है।


इस सर्द से मौसम में,

बहता सा लहू बोले।

हैं कदम ज़में लेकिन,

चलना मजबूरी है।


साकी तेरे महफिल में,

ये कैसे सवाली हैं।

पीना भी नहीं आता,

दिखते भी मवाली हैं।


ये कौन सी दौलत है,

जो उसको मुबारक है।

है झोली भरी लेकिन,

वो जेब से खाली है।


हूँ रहा निभाता जो,

वो फ़र्ज़ तुम्हारा था।

मेरे सर पे यारी का,

एक क़र्ज़ तुम्हार था।

जो हमने गुज़ारी हैं,

वो रात तुम्हारी थी।

ऐ खुदा हमारी जान,

खैरात तुम्हारी थी।

बस मुझे मिला मौका,

तो कर दी बयां मैंने।

सरे-आम ज़माने से,

जो बात तुम्हारी थी।

ना यार मिले ऐसा,

ऐ यार दुआ करना।

संग जिसके जीने से,

आसान लगे मरना।

*****

# शायर

हथेली की लकीरों से मुक़द्दर नहीं बनता,

ऐसा जो अगर होता तो सिकंदर न बनता।

हालात के थपेड़ों ने सख्त बनाया उसको,

इन्सान जनम से ही यूं पत्थर नहीं बनता।

कितने करते पानी के या वक्त लगा क्या जानो,

यूं ही इत्तफाक से समंदर न बनता।

परिंदो से पूछो कितने तिनके जुटाए तुमने,

मेहज़ तसव्वुर में ही किसी का घर नहीं बनता।

इश्क़ में लुट कर के जो पाया है क्या जानो राजीव,

रहत चलते इस तेरह कोई शायर नहीं बनता।

*****

# तेरा मेरा प्यार

सूखे रेगिस्तान पे जैसे,

हुई हो कहीं।

जमकर अमृत की बौछार,

वैसा तेरा मेरा प्यार।।

मृगतृष्णा में ज्यों मिल जाए,

कस्तूरी उपहार,

वैसा तेरा मेरा प्यार।।

मेरे चेहरे की मुस्कान,

तुम आँखों का रोशनदान।

तुम मेरी परछाई, और,

हम एक-दूजे की पहचान।

मेरी सांसों की दौड़ तुम से है।।

मेरी धड़कन में जो लगी होड़, तुम से है,

जिसके इलाज मे बिक गई उम्र मेरी।

मेरी उस इकलौते मर्ज़ की तोड़, तुम से है।।

पतझड़ से अकड़ी टहनियों पर,

हरियाली का हार।

वो है तेरा मेरा प्यार।।

इसके चेहरे पे क्या उदासी है,

इसे मोहब्बत दो जिसकी दुनिया प्यासी है।।

मोहब्बत सार है उस यात्रा का,

चार धामों की,

यही मक्का-मदीना है, यही काबा है काशी है।।

रवि, सोम, मंगल, बुध, गुरू फिर,

शुक्र, शनि रविवार,

वो है तेरा मेरा प्यार।।

*****

# नारी

उसको जो सम्मान मिले वो,
आसमान से ऊँचा हो।
उसका जो गुरुत्व है अपनी,
धरती से भी भारी है।
मुख चंचल पर हृदय शांत,
गंभीर महासागर प्रशांत।
नर का नरत्व उससे संयोजित,
उसको कहते नारी हैं।।

बिन देवी क्या देव की महिमा,
बिन महिला क्या पुरुष की गरिमा।
बिन रश्मि के क्या दिनकर, और
क्या प्रभात हो बिना लालिमा।
इस संतुलन की खातिर ये,
जग जिसका आभारी है।
उसको कहते नारी हैं।।

इससे सूर्य की ऊष्मा है,
ये प्रकृति की सुषमा है, ये।
चंदन की शीतलता है,
यही कृष्ण की कृष्णा है।
यही भीष्म की अटल प्रतिज्ञा,
जिससे दुनिया हारी है।
इसको कहते नारी हैं।।

भंग महर्षि का तप कर दे,
रंग चित्रकारी में भर दे।
पुत्रमोह सम्राट का तोड़े,
पति के मन को पावन कर दे।
सत, रज, तम की महारथी, जो,
विधि ने धरा उतारी है।
उसको कहते नारी हैं।।

ये परिवार को एक बनाए,
एक परिवार अनेक बनाए।
कभी कुटिलता करे प्रदर्शित,
कभी वो मनसा नेक बनाए।
इसका मर्म विधाता जाने,
इस में संशय भारी है, हम।
उसको कहते नारी हैं।।

*****

# लड्डू और लाडो

लड्डू का जन्म,

लड्डू का जन्मदिन,

लड्डू के खिलौने,

लड्डू की दादी,

और दादी का लड्डू।

पर लाडो का केवल जन्म।

न जन्मदिन, न खिलौने,

न दादी, न लाडो।

लड्डू की पढ़ाई,

लड्डू को मिठाई

लड्डू को दूध, बादाम और मलाई।

लाडो को बर्तन, चौका और सिलाई।

इक्कीस का लड्डू,

अभी एक बच्चा है,

सोलह की लाडो का अभी एक बच्चा है।

लड्डू के आंसू, लड्डू की मुस्कान,

लड्डू की हंसी है,

और लड्डू की हँसी में ही लाडो की खुशी है।

लड्डू खेले लूडो,

लाडो मेरे कपड़े ढूँढो।

लड्डू ने जीवन जिया

लाडो ने जीवन गुजार दिया।

किसके नाम?

लाडो की माँ, लाडो का बापू,

लाडो की दादी, फिर लाडो की शादी,
लाडो का ससुराल, और लाडो का काम।
पर,
लाडो का कमरा ?
लाडो का मायका ?
अब लड्डू के नाम।
अंतरराष्ट्रीय महिला दिवस पर,
स्वरचित व समर्पित।

*****

# देश नहीं मिटने दूंगा

हँस कर विदा करो माँ,

चिंता नहीं करो माँ।

ये आँसू ना गिरने दूंगा,

मैं देश नहीं मिटने दूंगा।

गोद से कहना मेरी खातिर,

थोड़ी जगह बचा रक्खे।

भाई से कहना दुख में उसके,

हिस्सा मेरा बना रहे।

मेरी बहना से तुम कहना,

रक्षाबंधन जब आए।

सजी हो थाली और मिठाई,

चंदन टीका रखा रहे।

आँचल, राखी या सम्मान,

किसी के ना बिकने दूंगा।

मैं देश नहीं मिटने दूंगा।।

कहना बाबू जी से उनका,

लड़का नाम करेगा।

नाम चलेगा बरसों कुल में,

ऐसा काम करेगा।

पोते से अपने कहना,
वो हम पर गर्व करेगा।
जन्मदिवस पर मेरे गाँव,
अनूठा पर्व मनेगा।
और बहू से कहना,
छाती उसे न पिटने दूंगा,
मैं देश नहीं मिटने दूंगा।

हँस कर विदा करो माँ,
आँसू ना गिरने दूंगा।
मिट जाऊँगा भले मगर,
मैं देश नहीं मिटने दूंगा।।

*****

# ये वसंत खास है

ये वसंत खास है,

न खिलते मुझ़ाते पुष्प,

न खिलखिलाता बाग,

और न बागों में पलाश है,

फिर भी ये वसंत खास है।

मेरे इर्द-गिर्द मुस्कराते,

मासूमों के ये चेहरे,

किसी गुलमोहर से कम तो नहीं,

इनकी नन्ही आँखों में,

टिमटिमाते सपने,

किन्हीं महलों से कम तो नहीं,

उनके हाथों में,

चमकती स्लेट की वो परत,

किसी उज्ज्वल भविष्य की आस है।

तभी तो ये वसंत खास है।

शरद की सर्दी से,

ठिठुरी सी धमनियों को,

गतिमान कर दिया,

इन वसंती बयारों ने,

रिश्तों की सतह पर,

जमें स्वार्थी बर्फ की चादर,

फैला रखी थी कुछ कलाकारों ने,

अब इन चादरों में कुछ,

गरमाहट का एहसास है।

इसलिए ये वसंत खास है।।

*****

# समंदर

खुले आकाश के नीचे कई मौजों का मंज़र हूँ,
कोई कहता है दरिया हूँ कोई कहता समंदर हूँ।
कहां हैं ढूँढता मुझको बताऊं क्या भला तुझको,
मैं तेरी रूह ठहरा बावले तेरे ही अंदर हूँ।

किसी की जिन्दगी हो या किसी कश्ती की किस्मत हो,
किसी पगड़ी की इज्जत या किसी नारी की अस्मत हो।
हर इक उपमा हमारी मैं विचारों का बवंडर हूँ,
कोई कहता मैं दरिया हूँ कोई कहता समंदर हूँ।

मैं अपना दर्द खुद में ही लिए ख़ामोश रहता हूँ,
समय के मस्त लहरों में सदा मदहोश रहता हूँ।
मेरे विकराल मुखड़े पे न जा मैं दिल से सुंदर हूँ,
कोई कहता है दरिया हूँ कोई कहता समंदर हूँ।

मुझे बस चाँद- सूरज की तरफ उठना गंवारा है,
इन्हीं दोनों ने लहरों को मेरी इतना संवारा है।
हाँ पर वैसे हूँ मालिक मन का मस्ती का कलंदर हूँ,
कोई कहता मैं दरिया हूँ कोई कहता समंदर हूँ।

*****

# इजहार करते हैं

कोई फोन पे घरवालों से बातें करता था,

कोई घरवाली की याद में सांसें भरता था।

कोई अपने देश की चिन्ता लेकर बैठा था,

ऐसे में कुछ कायर उनपे वार करते हैं।

हम दिल से इसकी निन्दा का इज़हार करते हैं।।

इस वसंत अपने बच्चों को मिली खून की होली,

कायरता की भेंट चढ़ गई उन वीरो की टोली।

प्रेम दिवस को जब दुनिया ने प्रेम का पाठ पढ़ाया,

तब नफरत के व्यापारी ने मौत का स्वांग रचाया।

ये वो हैं जो निर्दोषों का संहार करते हैं,

हम दिल से इसकी निन्दा का इजहार करते हैं।।

वीरों हम शर्मिन्दा हैं, तेरे कातिल जिन्दा हैं,

कुर्बानी कैसे भूलें हम इस मिट्टी के बासिंदा हैं।

हम बरसों की वो परम्परा फिर जिन्दा करते हैं,

हम इस घटना की कड़े शब्द में निंदा करते हैं।

कड़ी भर्त्सना और निंदा हर बार करते हैं,

हम इस निंदा की निंदा का इजहार करते हैं।।

हो नीति का निर्धारण या हो चाहे जो कारण,

खुली छूट है तुमको कर दो मुद्दे का निस्तारण।

उतर गले से नहीं रहे ये घूंट हमारे दुःख के,

उठो पार्थ अब जल्द करो गांडीव का तुम संधारण।

ये रक्त तुम्हारे मस्तक का श्रृंगार करते हैं,

हम फक्रमंद हैं तुम पर ये इज़हार करते हैं।।

*****

# मैं औरत हूँ

मैंने पूछा,
कौन हो तुम?
इस कोलाहल में,
कितनी मौन हो तुम,
कहीं तुम वो तो नहीं,
जिसने एक चक्रवर्ती सम्राट के रथ में,
धूरी बनाया था,
अपनी अंगुलियों का।
या तुम, वो हो,
जिसने अपने हाव-भाव मात्र से,
क्षेत्रियों के रक्तचाप बढ़ा दिये द्वापर में,
नहीं उसके तो पंच मस्तक साथ थे,
तुम अकेली,
न कोई सखा न कोई सहेली।
संभवतः तुम वो हो,
जिसने,
मर्दन किया था फिरंगियों का, आकर,
"मर्दानी" का विशेषण पाया था,
राष्ट्र को स्वतंत्रता का पाठ पढ़ाया था।
पर तुम तो,
कमजोर खड़ी हो,
कितनी लाचार पड़ी हो।
क्या तुम वो हो?

जिसने अपनी दया और सेवा से,

दुनिया को शांति और करुणा का,

तोहफा दिया या था, और

लोगों ने उसे "मदर" कहा था।

तब उसने अपना मौन तोड़ा और कहा,

ना मैं अनुसुइया हूँ,

जिसने,

यमराज से भी अपने पति के प्राण,

छीन लिये थे,

न मैं हेलेन केलर हूँ,

जिसने अंधकार में,

अपनी सेवा भाव का अलख जताया था।

तुम मुझे रामराज की एक स्त्री समझो,

जिसे कल भी देनी थी अग्निपरीक्षा,

और आज भी देती है।

कभी बेटी बनकर, कभी बहू बनकर,

कभी बनकर माँ, अथवा किसी की स्त्री,

उन्हीं परीक्षाओं से हुई मैं घायल हूँ,

मैं नारी हूँ, किसी की आँखों से धुला हुआ काजल हूँ।

मेरी सहायता करो,

बतओ लोगों को,

कि सूखे पत्तों को प्रेम से भिगो के तर कर के देती हूँ,

मैं औरत हूँ, मकान दो मुझे, मैं घर कर के देती हूँ।

*****

# निद्रा

नमस्कार

मेरा नाम निद्रा है।

कुंभकरण की प्रेयसी।

बहुत प्रेम था हम दोनों में।

सदा एक-दूसरे में खोए रहते थे।

मैं उसे कभी अकेले नहीं छोड़ती थी।

ऐसा प्रतीत होता था,

एक-दूसरे के लिए ही बने थे हम दोनों

और हो भी क्यों नहीं,

हूं ही मैं सुंदर इतनी।

मृत्यु लोक में आज भी

मेरे कितने ही दीवानें हैं।

मुझे पाने की इच्छा रखते हैं

किन्तु प्राप्त नहीं कर पाते।

उसने मुझे अपने लिए ब्रह्मा जी से मांगा था।

कहो तो,

इतना प्रेम!!

करता है यहां आज कोई?

एक बार यदि वो

मुझमें समा जाता था,

उसे मुझसे उबर पाना फिर

असंभव सा हो जाता था।

जो उसके लिए अच्छा ही था।

और उस दिन भी अच्छा ही होता।

यदि मुझसे वो उभरा ना होता।

किसी के जगाए जागा ना होता।

मुझे यूं अकेले छोड़ गया ना होता।

उस दिन किसी ने

बड़ी ही जतन जगाया था उसको,

अलग कर मुझे, दूर, बुलाया था उसको,

गया तो सही

किन्तु इतनी भी दूर कोई जाता है क्या?

लौटना ही भूल कोई जाता है क्या?

वापस न आया मेरा कुंभकर्ण

मिली होगी कोई

मुझसे भी सुंदर, लंबे समय तक

सुला देने वाली

प्रेम और जीवन भुला देने वाली।

है।

वो है, जिसे मैं जानती हूं

बड़ी बहन मानती हूं।

छूट जाए मुझसे, संभव है डोर किसी का

किन्तु,

जिसे वो पकड़ लेती है,

छूटना असंभव है।

वो है भी अति सुन्दर, ऐसा उसके प्रेमी कहते हैं

मैं तो मात्र निद्रा हूं,

उसे चिर निद्रा कहते हैं।

जो भी हो,

उस दिन के बाद भी मेरा

प्रेम कम नहीं हुआ।

आज भी लोग मुझे

कुंभकर्ण की निद्रा कहते हैं।

जी हां।

मैं वही निद्रा हूं।

*****